SOCIÉTÉ

DES

ALSACIENS-LORRAINS

DE LA SARTHE

STATUTS DE LA SOCIÉTÉ

LE MANS

IMPRIMERIE ALBERT DROUIN

5, RUE DU PORC-ÉPIC, 5

1891

SOCIÉTE

DES

ALSACIENS-LORRAINS

DE LA SARTHE

STATUTS DE LA SOCIÉTÉ

ARTICLE PREMIER.

Les Alsaciens et les Lorrains, etablis dans le departement de la Sarthe, voulant resserrer les liens de leur commune origine ont resolu de former une société privee sous le nom de *Société d'Alsaciens-Lorrains* dont le siege est au 1er Etage, Cafe du Commerce, 31, place de la Republique, au Mans, et dont l'action peut s'etendre dans tout le département de la Sarthe.

ART. 2.

La Société a pour but ·

1° De fournir aux Societaires l'occasion et le moyen de se connaître ;

2° D aider et d'assister ses Membres qui auraient a faire valoir des droits meconnus ou contestes, ou des reclamations fondées et de leur faciliter les moyens de trouver des emplois ,

3° De donner aux Membres qui en auraient besoin une indemnite de 1 franc par jour en cas de maladie ou de blessures entraînant une incapacite de travail ,

4° De leur assurer une sepulture convenable

La contribution de la Societe ne pourra depasser 50 francs.

ART 3.

La Societe s'interdit et interdit a ses Membres, lorsqu'ils sont reunis ou porteurs de ses insignes, toute discussion portant sur des matieres politiques, religieuses ou autres, etrangeres a l'objet de la Societe et susceptibles de la detourner de son but qui est de reunir, sur un terrain fraternellement ouvert, le plus grand nombre d'adherents, sans distinction d'opinions politiques ou religieuses Par cela meme, elle s'interdit de s'associer en corps a aucune manifestation politique ou religieuse, autres que les ceremonies funebres ou les solennites nationales et patriotiques. Elle l'interdit de meme a ses Membres lorsqu'ils seraient porteurs des insignes de la Societe

ART. 4.

La Societe se compose de Membres titulaires et de Membres honoraires

Les Mémbres titulaires sont ceux qui participent aux avantages de la Societe, moyennant le payement de la cotisation ci apres determinee, et se soumettent a toutes les obligations imposees par les presents Statuts.

Árt. 5.

Les Membres honoraires sont ceux qui, par leurs conseils, leurs dons et souscriptions, contribuent a la prospeⁱite de la Societe sans participer a ses avantages. Ils peuvent assister aux Assemblees et prennent part au vote Ils ne sont passibles d'aucune amende La cotisation des Membres honoraires est de 10 francs par an Leur nombre est illimite, ils sont admis par le Bureau sans condition d'âge ni de domicile.

Art 6

Pour être Societaire ou Membre actif, il faut .

Etie Alsacien ou Lorrain ou issu de tels, avoir opte pour la nationalite française ou prendre l'engagement de régulariser sa situation n avoir pas fait de service militaire a l étranger , etre âge de 17 ans au moins Si le candidat n'est pas Francais, il devra regulariser sa situation dans un laps de temps de trois annees a partir de son admission, sauf a perdre pai lui tous droits ou recours contre la Societe, apres ce delai, s'il n'a pu obtenir les papiers lui assurant les droits a la nationalite francaise perdus par le fait de l annexion L'admission des mineurs ne seia valable qu a la condition expresse qui leur sera signifiee au moment de la signature de la feuille d'adhesion, qu'ils s engagent a recouvrer la nationalite francaise a la majoite , un delai maximum d'un an leur est accorde pour remplir les formalites necessaires

Les fils des Societaies pourront faire partie de la Societe a titre de pupilles sans limite d'âge Ils ne prendiont pas part aux votes.

Art. 7.

La demande est adressée au President qui la soumet au Comite. Elle doit contenir les nom, prenoms, âge, origine, profession et adresse du postulant ainsi que les documents justifiant que le candidat satisfait aux diverses conditions susenoncees

Les noms des candidats sont affiches pendant 15 jours au local de la Societe et le Comite recoit les observations que les Membres pourraient presenter au sujet de ces candidats.

Art. 8

C'est l'Assemblee generale qui doit prononcer l'admission des Membres participants.

Art 9

Les Membres titulaires payent une cotisation annuelle de 6 francs, payable d'avance, en deux fois, les 1er janvier et juillet de chaque annee Les mineurs payeront la meme cotisation

Le Tresorier devra faire percevoir ces cotisations dans le courant des mois susdits

Chaque nouveau Societaire devra le semestre entier dans lequel il aura ete recu

Art 10

Les Societaires s'engagent

1° A se conformer exactement aux presents Statuts et tous autres qui seront adoptes par la Sociéte en Assemblee generale ,

2° A faire tous leurs efforts pour contribuer au developpement moral et intellectuel de la Societé.

Art. 11

Pourront être declares demissionnaires .

Les membres qui, par leurs actes ou leurs paroles, ou le scandale de leur conduite, compromettent les interets ou la consideration de la Societe, ou cherchent a en troubler la bonne harmonie

Ceux qui, apres avoir ete avertis deux fois, seraient en retard de plus d'un semestre pour le payement de leurs cotisations

Dans ce cas, la decision est prise par le Conseil d'administration a la majorite des deux tiers des voix, sauf appel a la prochaine Assemblee génerale, qui prononce definitivement, a la majorite absolue des membres presents

Le Societaire inculpe sera toujours appele a presenter ou a faire presenter ses moyens de defense.

Apt 12.

Tout Societaire est libre de donner sa demission, par une simple declaration ecrite et adressee au President.

Les Membres demissionnaires, declares demissionnaires ou exclus, perdent tout droit sur l'actif social

Art 13.

Toutes les Assemblees génerales etant de rigueur, nul ne pourra s'en abstenir sous peine d'une amende de 1 franc, sauf le cas valable dont le President aura ete prevenu avant l'Assemblée génerale Les Membres titulaires ne residant pas au Mans sont excuses de droit

Art 14.

Le Sociétaire qui demandera sa reintegration sera soumis aux conditions imposées par l'article 6

Art 15.

Tout Sociétaire qui quitte le departement cesse d'être Membre actif de la Societe. Il ne peut rien reclamer de ses apports et cotisations Toutefois, et pour ne pas rompre brusquement les liens qui l'attachent a la Societe, il peut continuer a en faire partie comme Membre honoraire S'il revient habiter le departement, il rentre de droit dans la Societe.

Art 16

Le President est autorise a allouer des secours aux compatriotes de passage non Societaires, justifiant de leur nationalite, jusqu'a la somme de 10 fr , sans convoquer le Comité

Art 17.

Il y aura chaque annee quatre Assemblees generales ordinaires fixees au deuxieme samedi des mois de janvier, avril, juillet et octobre

Art 18

Les Assemblées generales extraordinaires auront lieu toutes les fois que le Conseil d'Administration le jugera nécessaire. Toute demande de reunion qui serait appuyee par la signature du quart des Societaires devra être acceptee et le President sera tenu de convoquer la Société.

Art. 19.

Les Assemblees generales tant ordinaires qu'extraordinaires auront lieu sur la convocation du Président, au moins huit jours avant la date fixee, indiquant l'objet devant etre mis en déliberation, le lieu, le jour et l'heure de la reunion

Art. 20.

Aucune pioposition ne pourra etre mise en deliberation si la moitie des Membres de la Societe ne sont presents, et dans le cas ou il n'y aurait que ce nombre, aucune decision ne pourra être prise qu'a la majorite absolue

Art 21

Toute decision prise en Assemblee generale devient obligatoire pour tous les Membres de la Societe.

Art 22

Le President seul a la police de la reunion

Art. 23

Si le President et le Vice-President sont absents, l'Assemblee sera presidee par le plus âge des Membres presents

Art 24

Les votes auront lieu soit par mains levees, soit au scrutin secret. Ce dernier mode deviendra obligatoire, s'il est demandé par au moins cinq Membres.

Art. 25.

Le Conseil d'Administration ou Comité, se compose d'un Président, d'un Vice-Président, d'un Secrétaire, d'un Trésorier et de deux Membres.

Ces fonctions sont gratuites. Les Membres du Bureau sont indéfiniment rééligibles

Art 26

Le Président est élu au scrutin secret pour deux ans. Nul n'est élu ou proclamé Président, s'il n'a réuni la majorité absolue des suffrages Au second tour de scrutin, l'élection a lieu a la majorité relative, dans le cas où les candidats obtiendraient un nombre égal de suffrages, le plus âgé est proclamé Président

Le procès verbal de l'élection est transmis immédiatement au Préfet Les autres Membres du Bureau sont élus pour deux ans. Il est pourvu, au commencement de chaque année, au remplacement des Membres du Bureau, démissionnaires ou décédés.

Art. 27

Le Président est spécialement chargé de la direction de la Société

Le Vice Président le remplace en tout, en cas d'absence ou de maladie

Le Secrétaire est chargé de la correspondance, de la rédaction des procès-verbaux et de la tenue du registre dont il est parlé a l'art 28 Il est en outre chargé de la conservation des archives de la Société

Art. 28.

La gestion générale de la Societe est etablie sur six registres, savoir :

1º Un registre pour l'inscription des Membres entrant et sortant, entre les mains du President ,

2º Trois registres entre les mains du Secretaire, savoir :

Un pour la correspondance generale, un autre pour l'inscription des proces verbaux, et un qui sera un registre de contrôle portant le total des cotisations et des amendes ;

3º Deux registres, tenus par le Trésorier, dont un pour les recettes et les depenses et un registre a souches pour les quittances

Ces registres sont toujours a la disposition du Comite

Art 29.

Le Comité se reunit sur la convocation du President

Art 30

Il se reunira regulicrement tous les trois mois, dans la semaine qui precédera les Assemblees generales de janvier, avril, juillet et octobre, pour verifier et arreter la gestion du Tresorier

Ce travail sera ensuite soumis a la plus prochaine Assemblee generale

Art. 31.

Toutes les decisions du Comite seront soumises a l'approbation de la Societe, soit dans une Assemblee trimestrielle, soit dans une Assemblee trimestrielle, soit dans une Assemblee extraordinaire convoquee a cet effet

Art 32

Lois du déces, de la demission ou de l'absence d'un membre du Comite, il sera pourvu a son remplacement a la prochaine Assemblee generale . Cependant, si avant cette Assemblee, une reunion du Comite etait necessaire , le President devra pourvoir a son remplacement provisoire.

Art. 33.

A chaque Assemblee trimestrielle, le Tresorier fera un rapport detaille representant la position financiere de la Societe et justifiera de ses recettes et depenses par des pieces a l'appui.

Art 34.

Les fonds de la Societe devront etre places en un livret de Caisse d'epargne en reservant toujours une somme de 50 francs comme fonds de roulement

Art. 35

Il ne pourra être pris sur la caisse aucune somme pour souscription et autres depenses non prévues par le reglement, qu'en vertu d'une decision de la Societe votee au scrutin secret et a la majorite des deux tiers des Membres presents.

Art. 36.

Le Président presente chaque annee a l'Assemblee

generale un rapport détaillé sur la marche de la Societe, sur les bienfaits qu'elle a répandus et le degre de prosperite et de stabilite auquel elle est parvenue.

Le Tresorier donne un compte rendu detaille de l'Etat financier et de toutes les operations qui se sont effectuees sous son administration Il communique le bilan de l'actif et du passif de la Societe

Le Secretaire fait un rapport sur l'Etat du personnel de la Societe, sur la nature et le nombre des mutations qui ont eu lieu dans le courant de l'annee qui finit.

ART 37

Toute proposition tendant a modifier les Statuts doit etre soumise au Bureau, qui juge, s il y a lieu, d'y donner suite. Aucune modification ne peut être adoptee qu'en Assemblee generale a la majorite des Membres inscrits. Si l'Assemblee n'est pas en nombre suffisant, elle est de nouveau convoquee, et ses decisions sont valables quel que soit le nombre des Membres présents

En cas de modification aux Statuts, l'Association devra demander de nouveau a l'autorite competente l'autorisation prescrite par l'art. 291 du Code penal.

ART 38.

La durée de la Societe est illimitee et aucun de ses Membres ne peut ni provoquer sa dissolution, ni demander le partage de tout ou partie de son actif.

Elle continuera d'exister tant qu elle comptera vingt Membres titulaires au moins et possedera un avoir suffisant pour assurer son fonctionnement conformement aux presents Statuts

ART. 39.

La dissolution survenant par le motif ci-dessus ou par cas de force majeure, les fonds provenant de la liquidation seront versés a la Caisse des offrandes nationales pour les armees de terre et de mer

ART. 40.

Un banquet, punch ou reunion familiere aura lieu chaque annee.
Le jour en sera fixe en Assemblée generale
Le Comité en fonctions est charge de son organisation

Ainsi fait et delibere et adopte en Assemblee gene rale le 8 août 1891.

Les Membres de la Commission d'Organisation,

Oge, J Schuller, Ch. Syren

Vu pour être annexé à notre arrete de ce jour

Le Mans, le 16 octobre 1891

Le Préfet,

Ch. LUTAUD

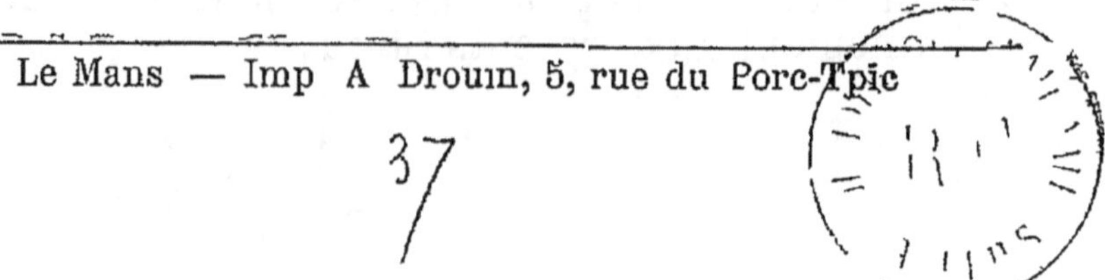

Le Mans — Imp A Drouin, 5, rue du Porc-Épic